De la A a la Z por Colombia
a vuelo de pájaro. O mejor,
a vuelo de ave, para darle
el debido respeto a nuestro
querido Cóndor de los Andes,
o buitre grifo.

A Mapache, Pantera y Moquito.

Veintisiete letras tiene mi abecedario y cada una cuenta historias mayúsculas. Cuentos de personajes, sabores y lugares que son parte de mi República. Ahora sí, a leer Colombia.

Con la **A** dices Atlántico y Amazonas.
Con la **A** saboreas arequipe y arepas.

Con la **B** saludas:
¡Botero, Bolívar! Con la **B** comes banano y
bocadillo en Buenaventura, Valle del Cauca.

La **C** toma café en el Viejo Caldas. La **C** baila la cumbia con un cachaco, y grita en el Campín con un costeño.

La **D** es Dios y Patria.

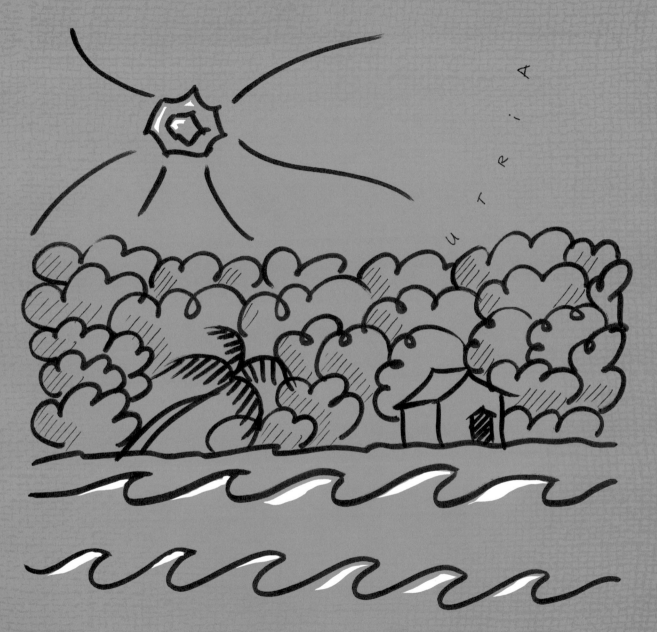

La **E** brilla como la esmeralda y es verde como la ensenada de Utría.

La **F** nació en Florencia y con ella se dice
Francisco—de Paula Santander.

La **G** es un camino de la Guajira al Guaviare. Con **G** se escribe García Márquez, Gaitán y golazo.

¡Hola **H**! Bienvenidos a Honda, Tolima, la ciudad de los puentes.

La **I** se pasea con la iguana en las Islas del Rosario.

A la **J** le gusta el jugo y la jalea.
Con **J** se dice Jaguar y con **J**
se canta Juanes.

La **K** es de los Kogi, los hermanos de la Sierra
que nace junto al mar.

La **L** tiene los colores del loro orejiamarillo,
el lulo, la lima y el limón.

Desde San Sebastián de Mariquita
marchó la **M** en la expedición de Mutis.
Y desde el Macizo Colombiano marcha
el rio grande de la Magdalena.

Con **N** se escribe Nariño,
el prócer de renombre, y el Palacio Presidencial.

La Ñ tiene un moño que parece una cabellera.
La Ñ está en medio de Nuñez, autor con
Oreste, de nuestro Himno Nacional.

La **O** es un anillo de oro que nació
en el Orinoco. Chocó ya tiene dos,
que saben a arroz con coco.

La **P** sube de Popayán y Páez al volcán Puracé.
Y de ahí al Cañón del Patía, en la Hoz de Minamá.

Con **Q** se dice Quimbaya, Quindío y Quibdó.
La Q es un pétalo de Cattleya—la Orquídea Nacional.

La **R** sigue diciendo: erre con erre barril.
Con **R** se dice Riohacha,
la que fundó don Nicolás.

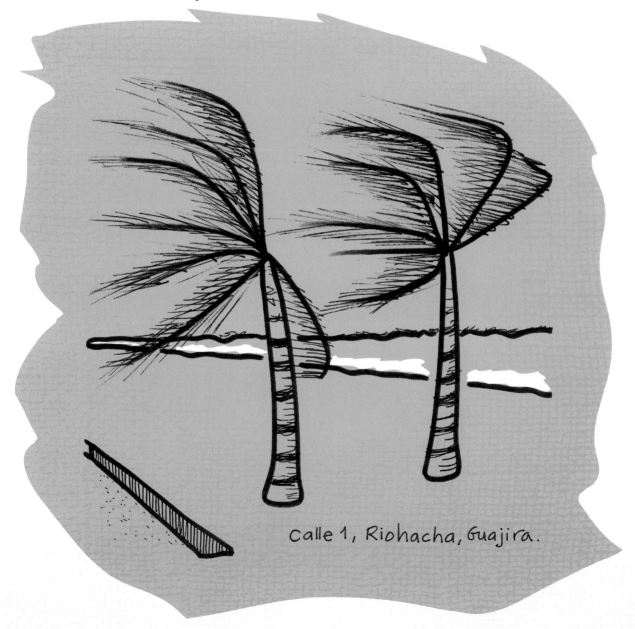

Calle 1, Riohacha, Guajira.

La **S** es un caminito que va de Silvia a Santa Marta, donde terminó sus días Simón José, el que nació en Caracas.

SILVIA, CAUCA

La **T** me suena a tiple, tití, Tequendama
y tejo. La **T** da nombre a los parques
Tayrona, Tuparro, Tinigua y Tamá.

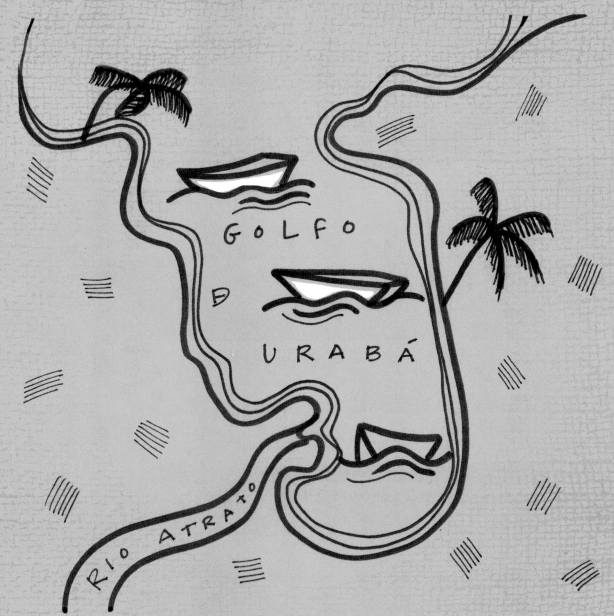

GOLFO DE URABÁ

RIO ATRATO

La **U** es un golfo bien colombiano y sus olas bañan a Chocó y Antioquia. La **U** es toda una playa en el Golfo de Urabá.

La **V** hace un festival cada año en el Valle de Upar. La **V** recuerda el veinte de julio que es nuestra Fiesta Nacional.

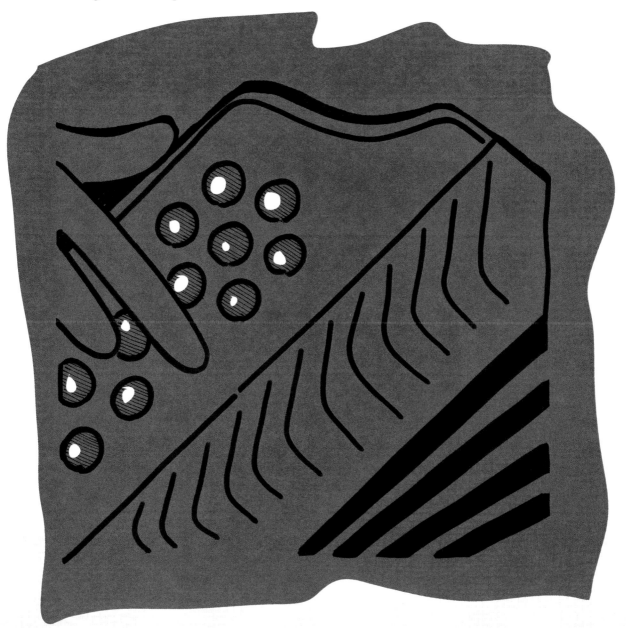

Con **W** se habla Wayunaiki la lengua de los Wayúu: wairiina, walashi, warulapai, wopu.

Con **X** termina Santa Cruz de Mompox; donde Simón tomó un café, camino de Cúcuta y Caracas.

14-103

Nuestros municipios son más de mil, y con la **Y** casi los contamos todos: Yacopí, Yacuanquer, Yaguará, Yalí, Yarumal, Yolombó, Yondó, Yopal, Yotoco, y Yumbo.

Con la **Z** acaba este cuento.
Con la **Z** comenzó otra historia:
cuando Tisquesusa era Zipa y el Zaque
Quemuenchatocha.

Made in the USA
Middletown, DE
22 September 2022

10983663R00020